VOYAGES D'ÉTUDES MÉDICALES

EAUX MINÉRALES, STATIONS MARITIMES, CLIMATÉRIQUES
ET SANATORIUMS DE FRANCE

EXTRAIT

DU

COMPTE RENDU DU VOYAGE

DE 1899

AUX STATIONS DU CENTRE & DE L'AUVERGNE

PAR LE

Dʳ CARRON DE LA CARRIÈRE

LA 6ᵉ ÉTAPE : CHATEL-GUYON

SOMMAIRE :

I. Résumé de la Conférence du Pʳ **LANDOUZY.**

II. La cure à la Station, l'eau *transportée* : **Dʳ CARRON DE LA CARRIÈRE.**

III. Supplément : Quelques notes sur l'expérimentation physiologique et bactériologique à Châtel-Guyon, par le **Dʳ Michel COHENDY.**

PARIS

GEORGES CARRÉ ET C. NAUD, ÉDITEURS

3, RUE RACINE, 3

—

1900

EXTRAIT

COMPTE RENDU DU VOYAGE

DE 1899

AUX STATIONS THERMALES ET CLIMATÉRIQUES

DU CENTRE ET DE L'AUVERGNE

———

LA 6ᵉ ÉTAPE : **CHATEL-GUYON**

CHARTRES. — IMPRIMERIE DURAND, RUE FULBERT.

VOYAGES D'ÉTUDES MÉDICALES

EAUX MINÉRALES, STATIONS MARITIMES, CLIMATÉRIQUES
ET SANATORIUMS DE FRANCE

EXTRAIT

DU

COMPTE RENDU DU VOYAGE

DE 1899

AUX STATIONS DU CENTRE & DE L'AUVERGNE

PAR LE

Dr CARRON DE LA CARRIÈRE

LA 6e ÉTAPE : CHATEL-GUYON

PARIS

GEORGES CARRÉ ET C. NAUD, ÉDITEURS
3, RUE RACINE, 3

1900

VOYAGE AUX EAUX MINÉRALES

I

CHATEL-GUYON

Résumé de la Conférence faite au cours du voyage par M. le docteur LANDOUZY, *professeur de thérapeutique à la Faculté de médecine de Paris.*

« Hier, à Royat, je vous vantais la puissance de la cure qui s'y fait à destination des arthritiques déprimés (que ces arthritiques fussent affectés de pathies articulaires ou viscérales), aujourd'hui nous avons à étudier la spécialisation de Châtel-Guyon au traitement de toute la légion de malades qui souffrent d'impotence fonctionnelle du tube digestif ; de cette nombreuse catégorie de gens mis à mal par atonie, par paresse constitutionnelle gastro-intestinale.

« Comme depuis que nous avons quitté le Mont-Dore, nous continuons à descendre (laissant hier Royat à 450 mètres), nous devons ici, à 380 mètres, trouver Châtel-Guyon bénéficiant des avantages que donnent les climats doux.

« La richesse thermale est considérable puisque les 26 sources de la station débitent 2 000 000 de litres par jour. L'eau est limpide, inodore, incolore, de saveur acidulée, salée, laissant un arrière-goût styptique ; laissant déposer de l'oxyde rouge de fer et du carbonate de chaux : la température est de 24° à 38° suivant les sources ; celles-ci sont agitées de bouillonnements plus ou moins intenses, plus ou moins intermittents, on dirait de l'eau en ébullition : c'est le gaz acide carbonique qui, échappé des profondeurs du sol, fait les remous de la masse liquide qu'il traverse.

qu'on est convenu d'appeler des *atones*, des *torpides*. Les gastropathiques justiciables de Châtel-Guyon sont surtout les malades
affectés d'hypo ou d'anachlorhydrie : les gastralgiques arthritiques ; les faux dyspeptiques, c'est-à-dire les gastropathiques
secondaires, les dyspeptiques qui souffrent de l'estomac par
insuffisance ou pléthore hépatique. Toute une autre catégorie
de dyspeptiques est justiciable de la médication de Châtel-
Guyon, ce sont les dyspeptiques de la seconde digestion, ce
sont les atones, ce sont les malades qui manquent de sécrétions
intestinales, aussi bien que de tonicité musculaire intestinale.
Nombreux sont les entéropathes justiciables de la médication de
Châtel-Guyon : parmi eux, nombreux sont les *constipés* habi-
tuels : qu'il s'agisse de malades chez lesquels la *constipation* est
fonction de neuro-arthritisme ; que leur constipation soit restée
à l'état de trouble fonctionnel local ou qu'elle soit en rapport
avec un état inflammatoire chronique de l'intestin. L'*entérite
muco-membraneuse* n'est, en effet, nulle part améliorée davantage que par la cure de Châtel-Guyon ; cette affection si tenace,
si rebelle à la thérapeutique ordinaire, trouve ici un soulage-
ment, dès la première saison, tant au point de vue de l'inertie
intestinale que des troubles de sécrétion ; les selles se régula-
risent, les produits membraneux diminuent et on peut espérer
la guérison au bout de plusieurs cures successives.

« L'action élective de la cure de Châtel-Guyon sur les fonctions digestives n'est pas limitée à l'intestin, mais c'est sur cet
organe qu'elle atteint son maximum d'intensité, surtout quand
on met en œuvre les grands lavages intestinaux, faits à faible
pression avec l'eau minérale. Il y a, dans ces grands lavages,
une véritable spécialisation de la cure de Châtel-Guyon, elle
procure une excitation bienfaisante glandulaire et musculaire.

« C'est en tant qu'exerçant une *stimulation sur la couche
musculaire*, aussi bien que sur les *glandes de tout le tube digestif
et de ses annexes*, qu'on explique les heureux effets que la cure
de Châtel-Guyon donne dans les *dyspepsies des hépatiques, des
alcooliques, des gros mangeurs. Les albuminuries des dyspeptiques, les foies congestionnés du diabète et de l'obèse, les auto-
intoxications des dilatés, des pléthoriques abdominaux*, trouvent

ici, par le chlorure de magnésium la cure dépurative, par le chlorure de sodium la cure reconstituante qui leur convient.

« En résumé, doivent venir ici, et combien nombreux, les malades à mauvaise circulation porte, tous ceux qui souffrent toute une iliade de maux organiques et fonctionnels, du chef même de mauvaises circulations intestinales (circulation porte, circulation des fèces, circulation glandulaire, si on peut ainsi dire) justifiant le vieil adage : *vena portarum, porta malorum.*

« En résumé, doivent venir à Châtel-Guyon les atones, les fatigués du tube digestif, tous les asthéniques abdominaux qui sont en proie à la *pléthore abdominale*, à la *constipation*. Ils trouveront ici la régularisation fonctionnelle abdominale plus durable qu'à la suite des purgatifs salins, en même temps que le relèvement des forces et la réfection de leur nutrition générale.

« Nous sommes ici dans une station que d'aucuns ont eu l'idée, au moins singulière, d'appeler le « Kissingen français »; je dis au moins singulière, parce que je ne sache pas que nos voisins étiquettent leurs stations thermales de noms français : je dis au moins singulière, parce que cela pourrait laisser supposer que Châtel-Guyon cherche à égaler comme richesses minérales et comme applications thérapeutiques la fameuse station bavaroise. Or, si les eaux de Kissingen ont grande analogie de composition, si Kissingen revendique certaines mêmes catégories de malades, elle pourrait envier beaucoup à Châtel-Guyon qui a une grande supériorité sur sa rivale de Bavière, dont les eaux sont froides et ne permettent pas la balnéothérapie, à eau courante, pourvue de toutes ses qualités *natives* dont les effets sont ici aussi remarquables que particuliers. »

1.

II

Notes de voyage du Docteur Carron de la Carrière
Organisateur des Voyages d'Études médicales

« L'impression que nous avons emportée de notre promenade dans Châtel-Guyon est celle d'une station en plein accroissement ; ses deux Établissements situés aux deux extrémités d'un beau parc, ses eaux qui émergent, en plusieurs points de ce parc, bouillonnantes et courant à flots, ses bains à eau courante, ses irrigations intestinales spéciales, etc…, ont particulièrement attiré notre attention. A leur sortie du sol, les eaux présentent un *bouillonnement* intense, comme si elles étaient en ébullition ; c'est dû à l'acide carbonique qu'elles contiennent à la dose de près de 2 grammes par litre. — Les *bains à eau courante* sont la spécialité remarquable de Châtel-Guyon : l'eau arrive directement du griffon, pénètre dans la baignoire (500 litres) par le fond et en ressort par un orifice situé à sa partie supérieure ; elle est courante pendant toute la durée du bain. Ce dispositif, aussi rare que simple, n'est possible que grâce à la quantité considérable de l'eau et à sa température suffisante pour n'avoir pas besoin d'être modifiée. — Des salles sont spécialement aménagées pour les *irrigations intestinales* qui sont données suivant un système qui permet au malade d'être dans la position horizontale, couché sur un canapé recouvert de toile cirée, mode d'application plus doux et plus rationnel que les douches ascendantes, système du pal, les plus usuelles : le malade est placé de façon à avoir le buste dans un plan incliné ; l'eau pénètre ainsi dans tout l'intestin à une faible pression, à la dose de 1 500 à 2 000 grammes.

L'eau de Châtel-Guyon *transportée* prend, chaque année,

une plus grande importance, depuis que la cure à domicile entre davantage dans la pratique courante. Aussi avons-nous regardé avec grande curiosité la façon dont est fait l'embouteillage : la source Gubler est spécialement affectée à cet usage et sa mise en bouteille se fait dans d'excellentes conditions de garantie de pureté et de conservation de la minéralisation : captage effectué sur le rocher même où elle émerge, mise en bouteille faite à son griffon même, en évitant tout contact de l'eau avec l'air extérieur, eau conduite directement au fond de la bouteille, bouchage spécial permettant d'éviter la présence de bulles d'air à la surface du liquide. Ainsi embouteillée, l'eau de Châtel-Guyon conserve ses propriétés longtemps et nous pouvons en user en toute confiance ; pour ma part, j'en fais, depuis plusieurs années, la base d'un traitement méthodique de la constipation des enfants et j'en ai souvent constaté les bons effets. »

III

Quelqnes notes sur l'expérimentation physiologique et bactériologique à Châtel-Guyon

Par le Dr MICHEL COHENDY, médecin à Châtel-Guyon, membre adhérent
au voyage d'Études médicales de 1899.

Le jour où les analyses découvrirent successivement les différents minéraux que contenait une eau minérale, nous avons cru que nous possédions le secret de sa puissance curative. On s'aperçut bientôt qu'il n'en était rien et que chaque source possédait, à son émergence du sol, une manière à elle d'associer ses éléments constitutifs en dehors souvent de toute règle ordinaire de la chimie ; qu'elle était en un mot « un être vivant », comme l'a dit M. le Pr Landouzy. « L'analyse faite dans le laboratoire est prise sur un cadavre », ajoutait-il : et en effet elle ne nous apprend pas quel était le souffle qui donnait la vie à ces éléments, pas plus qu'une autopsie ne nous révèle la force qui animait les organes qu'elle nous met devant les yeux.

On donne à cet « Inconnu » une grande part des propriétés curatives des eaux thermales et de nombreuses théories cherchent à expliquer quelle est la nature de cette force active : Arhénius s'appuie sur la théorie des éléments dissociés (théorie dite des ions)(1); les doctrines microbiennes trouvent aussi leur place(2), tandis que d'autres prétendent que l' « état électrique » des eaux est la cause principale de leur activité (3). Toutes ces opinions

---

(1) Beaumegartner, Waldenhoffen, Frenkel, Scherk, Poehl (A.-W.), Kisch, Carl von Than, Duhourcau, Elevy.

(2) Von Malapert-Neufville (R.), Frémont, Broussilovsky, Fazio, Wittlin, Verdenal, Schlemmer, Garcia Fernandez (S.), Koslik (V.), Giacosa, Garigou.

(3) Scoutetten, Guyenot, Karfunkel, Flora.

diverses, que nous ne pouvons approfondir ici, nous montrent assez que la solution du problème est encore indécise.

Si la chimie ne nous a pas tout fait connaître, elle nous a dit cependant qu'il était des corps qu'elle retrouvait d'une façon constante dans une même eau. On a cherché alors à savoir quelle était l'importance individuelle de chacun d'eux, agissant comme simple médicament.

Ainsi les études faites sur l'eau de Châtel-Guyon ont été fort nombreuses. Elles ont porté tout d'abord sur ce *chlorure de magnésium* qu'on rencontre rarement dans les eaux thermales, et dont la forte proportion caractérise cette eau française. C'est en 1865, nous dit le Dr Vibert (1), que Lefort détermina les sels de magnésium dans cette eau.

L'action physiologique de ces sels nous est connue. Sir Lauder Brunton (2), dans ses dernières années, rapporte une expérience de laboratoire qui met en lumière leur action sur les glandes intestinales : ils produisent une abondante sécrétion. Aguilhon de Sarran (3), et après lui le Pr Laborde (4), Voury (5), et Bara-duc (6) ont démontré expérimentalement, en isolant des anses intestinales à innervation et irrigation intactes, que l'action laxative de ce sel serait « le résultat d'une influence physiologique double, simultanée et solidaire, s'exerçant à la fois sur les phénomènes d'excitabilité contractile et sur les phénomènes de sécrétion ». Cette excitation ne se fait pas sentir seulement sur les sécrétions stomacales et intestinales, mais encore sur le foie dont elle augmente la sécrétion biliaire, ainsi que l'ont prouvé, chez des animaux sacrifiés après absorption de ce sel,

---

(1) Dr Louis Vibert. Étude sur les eaux minérales de Châtel-Guyon. Éditions scientifiques, 1893.

(2) Sir Lauder-Brunton. Lectures on the action of medecines. Macmillan. London, 1898, p. 409.

(3) Dr Aguilhon de Sarran. Expériences physiologiques sur les eaux minérales de Châtel-Guyon (Paris, Chaix).

(4) Sur l'action physiologique du chlorure de magnésium. J.-V. Laborde. Imp. Ethiou-Pérou, 1879.

(5) Dr E. Voury. Recherches expérimentales sur l'action physiologique des eaux minérales de Châtel-Guyon.

(6) Dr A. Baraduc. Traitement et indications thérapeutiques. Châtel-Guyon (Chaix, Paris, 1894).

une distension progressive et souvent considérable des canaux
d'excrétion de la vésicule et « la présence d'une quantité inso-
lite de liquide biliaire, dans une grande étendue des premières
portions de l'intestin grêle » (Laborde et Baraduc).

Ce réveil du système glandulaire et musculaire, tant du tube
digestif que de ses annexes, permet au Dr Mazerau d'expliquer
en partie le succès obtenu dans trois cas très précis de gravelle
intestinale à la suite de prises successives d'eau de Châtel-Guyon.
Il dit à ce sujet (1) : « Quand par suite de l'inertie du muscle
moteur intestinal, ou pour toute autre raison, la marche régu-
lière des bols fécaux se trouve empêchée, il se produit dans le
gros intestin, à la faveur du mucus sécrété, une série de fermentations complexes qui rendent réalisables les conditions de la
précipitation des phosphates solubles en transit. La gravelle
intestinale est alors constituée. — En atteignant le processus
morbide à son point de départ, en luttant contre la paresse de
la fibre musculaire et des glandes (c'est-à-dire contre la stase
stercorale qui va marquer la première étape de l'affection), en
s'opposant à ces fermentations secondaires qui vont créer le
milieu indispensable à la production des graviers, le traitement
de Châtel-Guyon aura raison de la lithiase intestinale ».

De plus, l'action du chlorure de magnésie en tant que pur-
gatif, ne se borne pas à une action directe, immédiate sur la
muqueuse intestinale, elle se double d'une action générale après
absorption : les effets purgatifs après injections intraveineuses
en sont une preuve qui vient corroborer les effets de ce sel sur
d'autres systèmes. « Il détermine, dit Laborde (2), du côté de
la fonction respiratoire des troubles importants se traduisant
d'abord par l'accélération et l'irrégularité dyspnéiques et pouvant
aboutir assez rapidement à l'arrêt de la mécanique respiratoire,
soit momentané, soit définitif ». Du côté du cœur et de la circulation il provoque « des intermittences et des arrêts de plus en
plus prolongés avec contraction et même excitation de la con-
tractilité musculaire. Enfin, en contact avec le sang, il exagère

---

(1) Dr Alexandre Mazerau. La gravelle intestinale. *Revue internat. de méd.
et de chir.*, septembre 1899.
(2) Ouvrage cité plus haut.

sa coloration rouge ou rutilante, comme sous l'influence d'une suroxygénation, action qui pourrait bien être la cause prochaine des modifications fonctionnelles dues à son influence sur l'organisme vivant » (Laborde et Baraduc)(1).

Le chlore se trouve encore représenté dans ces eaux par le *chlorure de sodium* qui compte pour près de 2 grammes par litre.

Les *bicarbonates alcalins* se chiffrent eux aussi par une forte dose : 3ᵍʳ, 400.

Le *bicarbonate de fer* par près de 8 centigrammes.

Le *bicarbonate de lithine* par 2 centigrammes.

Mais les propriétés physiologiques de chacun de ces corps, qu'on retrouve en différentes proportions, dans de nombreuses eaux minérales sont suffisamment connues pour ne pas nous arrêter. Cependant nous devons dire que le bicarbonate de fer, à dose égale, et obtenu chimiquement dans le laboratoire sous une pression approximativement équivalente à celle de l'eau de Châtel-Guyon à son point d'émergence a été mal toléré par l'estomac, ce qui arrive rarement avec cette dernière. D'après M. le Dʳ Baraduc, cette assimilation facile est due à une association, tout à fait rare dans les eaux thermales, d'une quantité importante de fer à une forte dose de chlorures. D'où l'action tonique et reconstituante de ces eaux *chlorurées et ferrugineuses* dont parle le Dʳ Conchon (2).

Nous laisserons de côté les sulfates alcalins, les sels de potassium, la silice, l'arsenic, l'acide phosphorique, l'acide borique et l'alumine qui n'ont ici, nous le croyons du moins, qu'une importance secondaire, pour passer du *gaz acide carbonique à l'état libre*. M. le Dʳ Magnier de la Source en compte 1ᵍʳ, 1120 par litre, dans une analyse faite au laboratoire de la Faculté de Médecine de Paris (3), et cela sur une eau *transportée*.

Ce gaz, on le sait, est en général un puissant stimulant des fonctions du tube digestif et du rein. Son action sur la fibre lisse musculaire est connue et l'on a vu par expérience qu'il

(1) Ouvrages cités plus haut.
(2) Dʳ André Conchou. Typhlite et appendicite, leur traitement par les eaux de Châtel-Guyon (Masson, Paris).
(3) Dʳ Magnier, de la Source, 1879.

active les mouvements péristaltiques du tube gastro-intestinal.
Ainsi, il s'associe certainement aux chlorures et, au chlorure
de magnésium en particulier, pour jouer un rôle dans l'expérience renouvelée bien souvent par le D' Baraduc ; expérience
destinée à mettre en lumière l'action stimulante des eaux de
Châtel-Guyon sur la tunique musculaire de l'intestin (1). « Je dis-
pose mon appareil à double courant, de manière à pouvoir faire
pénétrer à volonté et successivement dans l'estomac, de l'eau
ordinaire, de l'eau de Vichy ou de Châtel-Guyon, et voici ce que
j'ai toujours observé. Avec l'eau ordinaire, il faut faire tousser
plusieurs fois le patient pour amorcer l'appareil, avec l'eau de
Vichy il en est de même. Avec l'eau de Châtel-Guyon, très
souvent, l'appareil s'amorce immédiatement sans qu'il soit nécessaire de provoquer aucune contraction diaphragmatique par
l'excitation directe des fibres de la tunique musculaire de l'estomac, stimulées au contact de l'eau avec la muqueuse. Cet effet
est presque constant chez les estomacs sains ; chez les dilatés il
se produit presque toujours après un certain nombre de lavages,
donnant ainsi à mon sens la preuve irréfutable de cette action
de l'eau de Châtel-Guyon. »

Toutefois, l'on a peu parlé du rôle épurateur que l'acide carbonique joue dans l'organisme. Il jouit en effet, par sa nature
même comme le prouve son affinité pour les vapeurs médica-
menteuses (2) de la propriété remarquable de se charger des
toxines volatiles, ou plutôt de tous les déchets gazeux qui prennent
naissance dans les échanges cellulaires et de les véhiculer
ensuite, par l'intermédiaire du courant circulatoire, jusqu'aux
alvéoles pulmonaires ; là, il cède la place à l'oxygène, tandis
qu'une expiration le chasse à l'extérieur sous une des formes
de l'air *confiné*.

A Châtel-Guyon, nous l'avons vu, il joue en outre un rôle
très important dans le traitement externe. On obtient, grâce à sa
présence, et surtout à l'aide du bain à eau courante une véritable

---

(1) Même ouvrage cité plus haut.
(2) Une partie de la théorie des lavements gazeux, institués par le D' Bergeon,
de Lyon, est basée sur cette affinité particulière de l'acide carbonique.

sinapisation (1) que l'on peut localiser, si on le juge nécessaire. Pendant le bain, déjà décrit, le pouls est abaissé, ainsi que la température (de 1 à 5 dixièmes de degré), d'après les constatations du D' Voury (2).

On a remarqué ce fait curieux que grâce probablement à cette puissante dérivation cutanée obtenue, des douleurs articulaires ou névralgiques disparaissaient dans le bain pour reparaître souvent au bout de quelques instants.

Après avoir étudié les effets particuliers de chacun de ces agents médicamenteux, on a recherché comment l'individu se comportait en face de l'eau minérale elle-même, cette « mixture » qui les contient tous. La chimie biologique nous a permis de voir dans les déchets rejetés par l'organisme, quelle influence elle exerçait sur les fonctions intimes de la vie cellulaire.

C'est ainsi que de patientes recherches, faites sur lui-même avec les eaux de Châtel-Guyon, ont permis à M. le D' G. Pessez d'affirmer que, alors même qu'elles étaient prises loin de la source, l'action qu'elles exerçaient sur la nutrition se traduisait par :

1° Activité plus considérable dans la sécrétion des reins ;

2°   —   dans les échanges azotés.

3°   —   dans les oxydations ;

4° Assimilation plus grande des chlorures, de la chaux, et de la magnésie :

5° Action d'épargne sur tous les tissus riches en phosphore ;

6° Élimination rapide de l'acide urique préformé et diminution considérable dans sa formation.

Ces conclusions ont été tirées d'analyses d'urines journalières faites avant, pendant et entre les cures d'expériences.

D'autre part, la *bactériologie* nous a fait voir que l'action de ces eaux sur le microbisme intestinal était très marquée. Elles semblent atténuer la virulence des microbes, les mettre dans une sorte d'engourdissement qui permet aux sécrétions intestinales et biliaires rendues plus abondantes de les expulser de la sous-muqueuse, où ils paraissent élire domicile de préférence.

---

(1) Conférence du P' Landouzy.
(2) Ouvrage cité plus haut.

Cette opinion, qui nous a été suggérée par M. le Dr Thiercelin de l'hôpital Saint-Antoine de Paris, nous a poussés à reconnaître, nous-mêmes, la nature et la quantité approximative des bactéries contenues dans les mucosités des selles de trois jeunes enfants atteints d'entérite muqueuse, avant, pendant et après une cure faite à domicile. Ils ont été pris avant le 14° jour d'une poussée aiguë, plus ou moins caractérisée. Chacune de ces crises fut accompagnée par une véritable débâcle d'entérocoques de Thiercelin (1) se présentant parfois sur des préparations colorées au Gram, sous la forme d'un diplocoque nettement aréolé. Pendant les quelques jours qui suivirent la crise, alors que le traitement suspendu avait été repris, nous avons retrouvé encore les mêmes bacilles, en bien plus grand nombre qu'avant les prises d'eau. Ce n'est qu'après la cure qu'ils devinrent de moins en moins nombreux et disparurent presque totalement chez l'un des petits malades.

Les expériences physiologiques précédentes nous ont montré l'influence de ces eaux sur la motilité et la sécrétion de l'estomac et de l'intestin. Nous avons été amenés aussi à admettre que la fibre lisse de tout l'organisme entrait en jeu, et que ces eaux « provoquaient et réveillaient » en un mot « les mouvements de la vie végétative (2) ». Ainsi, nous avons arraché à la nature une partie de ses secrets : c'est ce qui nous explique qu'en dehors de tout empirisme, la « grande famille des atoniques », comme vient de le dire M. le Pr Landouzy, et surtout des atoniques de l'appareil digestif, en rangeant à côté d'eux les opérés du ventre en convalescence, forme le lot de Châtel-Guyon.

De même en s'appuyant sur les quelques observations bactériologiques encore isolées, que nous venons de signaler, on peut entrevoir comment, par l'antisepsie intestinale, ce traitement thermal apporte d'heureuses modifications à certaines lésions, par exemple celles laissées par l'entérite muqueuse des jeunes enfants et l'entérite muco-membraneuse.

---

(1) *Archives de la Société de Pediatrie*, novembre-décembre 189..
(2) Dr A. BARADUC. Même ouvrage cité plus haut.

CHARTRES.   IMPRIMERIE DURAND, RUE FULBERT.

www.ingramcontent.com/pod-product-compliance
Lightning Source LLC
Chambersburg PA
CBHW061804040426

42447CB00011B/2463